QUE SOY

QUE SOY

COLECCIÓN DE POESIAS
Y Cuentos de Ciencia Ficción

JORGE ROBERTO ARAUJO

Número de Control de la Biblioteca del Congreso de EE. UU.:		2013910601
ISBN:	Tapa Blanda	978-1-4633-5960-7
	Libro Electrónico	978-1-4633-5959-1

Para realizar pedidos de este libro, contacte con:
Palibrio
1663 Liberty Drive
Suite 200
Bloomington, IN 47403
Gratis desde EE. UU. al 877.407.5847
Gratis desde México al 01.800.288.2243
Gratis desde España al 900.866.949
Desde otro país al +1.812.671.9757
Fax: 01.812.355.1576
ventas@palibrio.com
463757

ÍNDICE

QUE SOY

Mi camino es indefinido
y parto indiferente hacia la muerte,
confiado en lo que siento-¿Es mi suerte?-
que al definir todo lo que he sido
me someta completamente en el olvido.

Cuando observo el pensamiento infinito,
la intensidad de sus muestras celestiales.
-¿Que son?- mi mente y sus rituales,
ante el Universo Eterno no descripto.

-¿Soy una mancha que la pureza quito?-
con total irreverencia de la perfección,
ante el Universo mostrando hoy la acción
de un Creador, ese que de la nada CREA.
Comprendiendo humildemente rezo,
¡Amen!, Amen, ¡Así sea!

Para ti al Amanecer

Cuando se viste de rojos el amanecer.
Entre las montañas con picos nevados,
en esa belleza de pinos plateados.
Álamos de oro parecen crecer.
Entre las sombras de la noche
negras nubes que dan paso al día,
altiva y serena tu figura guía
en aparición etérea el amanecer.
En la noche, espero el alba nacer
cuando nubes forman tu figura altiva
con tu imagen pura y sensitiva
entre el sol del día y el obscurecer.
En cada mañana, que llegas a mi.
Llenas el amanecer con tu esencia,
Como una diosa de Idalia
llenando mi alma, de la pureza en ti.
viviendo solo por ti!

Cumbres Nevadas

Desde mi ventana este amanecer
frente a las nevadas cumbres
de este día al nacer.
Leyendo un poema
que me trae tu alma
de Diosa y Mujer.

Viendo en tus palabras
el amor que surge de ellas.
Palabras tan bellas
que hacen mi alma vibrar.
y mi boca gritar.
"Te amo mi vida en este amanecer"
y este día al nacer
con su radiante luz,
hace desaparecer la cruz
que se encontraba en mi ser

Haciéndome crecer
por toda la eternidad.
Porque en ella, ahora
tu estas, mi vida
¡Mi Aurora.!
Tu perfume emana
en cada mañana
y en cada anochecer.
¡Mi diosa y Mujer.!
Te ofreceré esta noche,
la belleza de un broche,
con polvo de estrella
y mundos de ensueño,
para ti la mas bella.
Quiero ser tu dueño

EL SUR

En el bosque, la calma
solo quebrada por un murmullo.
Del río, como un arrullo
que hace mi alma
volver a tiempos mejores
olvidar los dolores,
intensificar el amor de vivir!
Desear contigo compartir
el perfume de las flores,
de las cimas nevadas los colores
que el sol refleja al amanecer
que cada día al nacer de rojos viste.
También al atardecer.
Trae la Patagonia al anochecer
el manto de negro terciopelo
con galaxias, cual diamantes
y polvo de estrellas errantes
dejando surcos en su vuelo,
de mundos ignotos, distantes.
La cruz del sur, las tres marías
titilantes astros en el firmamento
nos dicen en todo momento
con la silueta de rocas alpinas.
Sus ríos y sus sierras nevadas
muestran que tan pequeños somos
frente a sus montañas elevadas
de la imponente cordillera.

Noches del Sur

Entre billones de estrellas
en el marco de la noche,
entre ellas, para un broche
Elegiré las mas bellas.
En ese aterciopelado cielo,
de las eternas montanas
Donde el blanco de las nieves
Corona los verdes pinos
y los álamos dorados
que cual un cabellera
adorna los bajos cerros
de la eterna Cordillera.

En esas noches que cantan,
cayendo entre las rocas,
las aguas, en dulce serenatas
arrullando nuestro amor.
podemos esas noches
ver la mano del señor
En la luna y las estrellas
Que reflejan el Creador.
Ese hacedor de caminos,
que tejió nuestros destinos.
El nos llevara juntos en vuelo
A recoger de ese cielo
las tres marías y del sur la Cruz
ellas darán siempre la luz
A esa la mujer que anhelo
En esa cabaña en el bosque,
juntos de la mano
Te diré MARIA
Cuanto te quiero

El río

Cerros coronados de eterno hielo
cayendo liquido por las pendientes
hasta el valle,. en cristalinos torrentes
Que reflejan el color del cielo
En el lago,. cual mágico espejo
rodeados de rocas y altos pinos
Embriaga la visión cual finos vinos
y mostrando su reflejo
En sus aguas los cielos parecen
que los astros, del lago brotaran
y en colores las flores cantaran
los amores, que salvaje crecen.

Renacer

Después de la obscuridad,
el sol iluminará tu rostro
el poder de la vida
Corre otra vez por tus venas
Con la fuerza que perdiste,
tu memorias, Glorias y Penas
¡NUEVAMENTE EXISTES!

Entre las sombras de la noche
que darán paso al día,
altiva y serena tu figura se guía
Buscando el broche
Ese broche de la vida
En un nuevo amanecer
Que al igual que el ave del mito
El Universo escuchara tu grito
¡ HE VUELTO A RENACER!
Tu estrella te indicara el camino,
Por el rio de la vida
Que surca por mil senderos
antes de encontrar el mar
Donde se unen las vidas
En el encuentro final

allí,… volverás de nuevo a amar
Porque ese…ese es… tu Destino.
Que no lo puedes cambiar

Soñar

Soñar con el
dulce soñar
de un amor imposible,
que nos haga volar.
Buscar, el buscar sin cesar
una estrella en la noche
en un cielo sin par,

Y yo sé, que sin verte jamás
esa estrella en un broche
yo la quiero alcanzar
y sabré al instante
mi amor, que una diosa
Divina, ganó mi corazón…

Que sin ti, no habrá día
de paz, no habrá noche sin pena
en mi vida jamás.
Esa es mi ilusión
de seguir esa estrella,
porque así solo a ella
rendiré mi pasión.

Y no importa el porqué
vida mía seré, un esclavo
si tú, mi dueña serás
y en mi alma verás
la pureza de amar,
todo lo que puedo dar
ya tuyo lo es.

Y sabrás que nunca jamás
en mi corazón habrá
otro nombre más
Es mi sol en la mañana
y en la noche mi lucero
Sin ella! mi vida,…muero!

Soñar con el dulce soñar
de un amor imposible,
que nos haga volar.
Buscar, el buscar sin cesar
una estrella en la noche
en un cielo sin par,

Mi Aurora!.

Mi adorada rosa,
en cada mañana,
en el atardecer,
y en todo anochecer,
Eres
Mi diosa y mi Mujer!
Te ofreceré esta noche,
la belleza de un broche,
con polvo de estrella
y mundos de ensueño,
para ti la mas bella.
Quiero ser tu dueño!
Tú irradias del cielo su luz
en sus ojos cada amanecer,
la belleza que al nacer
hace desaparecer mi cruz,
sus ojos tienen del cielo
la luminosidad de un astro
del sol sus cabellos de oro
y gracia de Ángeles en vuelo.

Otras vidas

Estoy solo, Pero rodeado de ti,
las estrellas que me rodean
en la noche, gritan tu nombre
me dicen de otros tiempos
me dicen de otros momentos
que vivimos sin saberlo,
tal vez no podamos verlos,
pero la brisa de las noches
te traen a mis recuerdos.

Momentos en las montañas,
donde el cristalino hielo
se juntaba con el cielo
creando prismas luminiscentes,
su luz, jugando en tus cabellos,
compitiendo con el brillo de tus ojos
y yo postrado de hinojos
Jurándote el amor eterno,
que hoy te repito aquí.

Sí!, estoy solo, y estoy lejos
pero estoy contigo,
porque tu presencia
me rodea…. en el perfume de una flor,
en el color de una rosa
y en toda las bellas cosas
que están junto a mí.

En la fresca brisa de la mañana
en las hojas que caen de los arboles,
y cubre el suelo con el dorado manto.
De hojas que van a morir
Para así luego revivir.
La vida se renueva cada otoño
y en cada primavera, volvemos a nacer
y en cada vida al crecer,
nos volveremos a encontrar,
nuestro amor no se va a desvanecer
al contrario se va a afirmar,
Como hoy nos hemos encontrado
a pesar de la distancia,
y sin haberte yo visto
sé que por ti yo… existo!
y mi meta a alcanzar,
es encontrarte otra vez
y decirte que te quiero.
Tenerte fuerte en mis brazos
y gozar de ti plenamente como ayer,
como mañana
como cuantas vidas,
nos de el destino,
saborearte como el vino
de los Dioses del Olimpo
porque eso es lo que tú eres.

Una Diosa entre todas las mujeres
Y debes saberlo mi amor
que no se porque, y sin verte
todo mi ser grita TE QUIERO!
¡tu nombre…!
me lo gritan las campanas,
las estrellas en la noche
y el sol de las mañanas.
Me lo susurran los pájaros,
el agua cristalina del manantial
y el silencio de la noche,
Tú eres para mí, sin reproche
la mujer ideal.
Segundos, horas, días, meses.
Y todo el ciclo del tiempo.
Nada podrá borrar el recuerdo,
de tu presencia en mi corazón,
llevo en mi alma la pasión
grabado en el granito
de toda la eternidad.
Así como el mundo es infinito
El amor que un día nos dimos
No desaparecerá,
Volveremos a vivir, volveremos a nacer para amar una,
otra y otra vez…

RENACER

Cuando después de la obscuridad,
Nuevamente el sol ilumine tu rostro
Y la fuerza de la vida
Corra otra vez por tus venas
Con la fuerza que perdiste
Tus memorias, Glorias y Penas
Te dirán ¡**NUEVAMENTE EXISTES**!

Ellas te indicaran camino,
A ese profundo y agitado mar
allí volverás de nuevo a amar
Porque ese… ese es, el ¡Destino!.

De encontrar un viejo amor
que dejamos en el pasado
con la promesa de volver.
Poniendo final al dolor.

Rectificar los pasados
errores que cometiste.
Ser parte del rio de la Vida
Que surca por mil senderos
antes de encontrar ese mar
Donde se unen las vidas
En el encuentro final

CIELOS del Sur

Entre billones de estrellas
en el marco de la noche,
entre ellas, para un broche.
Elegiré las mas bellas.

En ese aterciopelado cielo,
de las eternas montañas,
donde el blanco de las nieves
corona los verdes pinos,
y los álamos dorados,
que cual una cabellera,
adorna los bajos cerros
de la eterna Cordillera.

En esas noches que cantan,
cayendo entre las rocas,
las aguas en dulce serenatas
arrullando nuestro amor.
podemos esas noches
ver la mano del señor
En la luna y las estrellas
Que reflejan el Creador.
Ese hacedor de caminos,
que tejió nuestros destinos.
El nos llevara juntos en vuelo
A recoger de ese cielo
las tres marías y del sur la Cruz
ellas darán siempre la luz
A esa la mujer que anhelo
En esa cabaña en el bosque,
juntos de la mano
Te diré
Cuanto te quiero

EL DUENDE

En el monte rodeado de altos pinos.
Cual columnas de la eterna Catedral.
Se eleva al cielo, buscando el final.
En el altar del Bosque, la comunión de vinos

En el tronco viril de un joven árbol
que de lujuriosa floración se viste.
Un Duende que fue travieso y hoy es triste
con desilusionado gesto mira al cielo
como el sol, ya moribundo desde el suelo.
Donde sombras comienzan las noches diamantinas.
Duermen todas las memorias y las ruinas.
El duende canta con infinito desconsuelo
de recuerdos dulces y días de duelo,
trémulo su canto llora, con gamas cristalinas.
Se escucha el claro acorde, de la flauta de caña
que el Dios Pan, tocaba con ella.
Y decía-Une tu voz!…elige una estrella!
Si buscas amor?…Sueña…Sueña…Sueña!

Mortal! Detente! y escucha tu destino
te diré tu suerte, escuchare tus clamores.
Dime tu historia, tu pasado, tus amores…
Y llenare de blancos lirios tu sendero, Tu camino!

VIDAS PASADAS

Cuando salgo a caminar
Estás presente mí amor
En el perfume de una flor
el color vivido de las rosas
Y todas esas las bellas cosas
Que me recuerdan de ti

Se que en cada vida
En que volvemos a nacer
Nuestro amor no desaparecerá
Al contrario se reafirmará

A pesar del tiempo y la distancia
Por dos mil años no te he visto
Pero si sé que por ti yo existo
hoy nos hemos encontrado
y nuevamente estoy enamorado

Quiero que vuelvas a mis brazos
Y gozar de ti plenamente
Diciéndote dulcemente
MARIA nunca dejaré de amarte

Gozar de ti plenamente
Saborearte como un vino
Cada día que el destino
Ese hacedor de caminos
Nos lo de para gozarte
Ni dejare un segundo de amarte.

EL RIO

Caen desde las cumbres, cristalino hielo
rodando por estrechas pendientes
y en su camino crean bellas fuentes
Donde se refleja el color del cielo

Entre jardines de verde terciopelo
corren las aguas en torrentes,
Como caudal de joyas refulgentes
Serpenteando entre rocoso suelo.

Y así nace el rio, cual ovejas en tropel
Dejando el suelo entre las rocas
De sus vellones ....espumas
Y la tierra, convertida en un vergel

EL MAR DE LOS SARGAZOS

Aun nadando en contra la corriente

Por el deseo de encontrarte

En ese mar, símbolo de muerte

Con gran pasión tiento a mi suerte

Y allá voy, al mar de los sargazos

Quien se atreverá a enfrentarme

Si ella es, la que dice amarme

No hay mar, o infierno que a mis pasos

Impidan continuar

LOS CERROS

Cerros coronados de nieve y hielo
cayendo liquido por las pendientes
hasta el valle,. en cristalinos torrentes
Que reflejan el color del cielo

En el lago,. cual mágico espejo
rodeados de rocas y altos pinos
Embriaga la visión cual finos vinos
y mostrando su reflejo
En sus aguas los cielos parecen
que los astros, del lago brotaran
y en colores las flores cantaran
los amores, que salvaje crecen.

EL DIA DE LA MUJER

El especial día de la Mujer
No es para ti mi vida,
Ya que mi amor, querida
Todo los días llena mi ser.
Y tu necesitas saber
Que eres cada día un poema
Mas preciosa que una flor
Y de mas valor, que una gema.

LA NOCHE Y EL SILENCIO

En el silencio de la noche,
tachonado el cielo de estrellas.
cuya luz, serena y bella
De una sola, es como un broche

Y Hace su nido en la calma,
Cubriendo su luz mi sueño
en tus brazos como el dueño
del amor, por que suspira mi alma.
Desde esta la distancia, mi cielo
Deseándote, con todo mi corazón
Me pregunto……..?
Cual es, de estar lejos, la razón?.
Como desearía que en un vuelo,
Pudiera llegar a ti esta noche
Entregarte en este broche
Con su estrella y mi corazón.

Brindarte toda mi pasión
Pasión que envuelve mi vida
La cual dedicare completa
En ganar todo el tu amor

EL LUCERO

Con su vela desplegada al viento,
siguiendo una estrella en todo momento.
Soy como un barco en la noche.
Y tu eres esa, alta en el cielo

La misma que guía mi camino.
Eres tu el final de mi destino,
A la que llegare en un vuelo
En alas extendidas del amor
Eres puerto que espera mi llegada.

Radiante, bella cual una alborada.
Siempre seguiré esa estrella,.
la más deseada. La mas bella
Eres mi lucero, en el amanecer
la canción que ansioso espero

Para Juntos en ese anochecer
Seguir el sendero del destino
Unidos por toda la eternidad.

ETERNIDAD

Segundos, horas, dias, meses
Y todo el ciclo del tiempo
Nada podrá borrar el recuerdo,
de tu presencia en mi corazón,
llevo en mi alma la pasión
grabado en el eterno granito
Por toda la eternidad.

Así como el mundo es infinito
El amor que un día nos dimos
No desaparecerá,

LA ROSA AZUL

Mi Reina!, amor y dolor
de la azul perfecta rosa
ella inspira a que mi prosa
te cante versos de amor
amor que me inspira el día
el dolor de no tenerte.
Y no pudiendo yo verte
Soy como un ciego sin guía
sigue escribiendo mi amor
Sígueme diciendo las cosas
Que como mieles sabrosas
Pone en mis labios, tu sabor.

CICLO ETERNO

La muerte es una continuación
de nuestra vida, en otro
plano de la existencia
No desapareces
continuas.
Tu esencia
rodea el universo
Y tu amor a los que amas
por toda la eternidad.
somos uno con Dios
Somos parte de su universo
Lo mismo que un árbol
El cielo, las estrellas
Tenemos el derecho
de estar aquí.

LA CALMA DEL HURACAN

El huracán azotaba con la violencia
Que la Isla conocía, pero que no era habitual
Traía consigo la dulzura de la caña
Cosechada por esclavos antes del vendaval

En el castillo, en la roca avizorando el mar
El bufón muy triste estaba detrás del gran ventanal
Las aves marinas llevadas por el viento al azar
Rompían sus alas golpeando contra el cristal

Las ráfagas llevaban la dulzura de las cañas
Que inundaban la Isla junto con el resplandor
De relámpagos furiosos cabalgando en un tropel
De luciérnagas traviesas jugando antes del amanecer.
La primavera esta cerca, del sol pronto el resplandor
Asomara en un cielo, pintado de rojo color,
Anunciando su llegada antes del amanecer
Diciendo aun sin palabras que este día al nacer

Traerá la paz en la isla, el verdor de primavera
Y los colores que marcan, con los rojos, azules
Blancos y amarillos que adornaran esos tules´
Esos tules del amor, que encienden el aire dulce
De esas cañas que al morir hacen el amor…vivir
En la eterna primavera, que mientras las fuerzas
Del viento y el fragor de las mareas,
Preparan el universo, para el cambio
ESTE CAMBIO QUE ESPERAMOS,
SIMBOLO DE ETERNO AMOR.

UN MUNDO PARA DOS.....

Por: Norma Agustina

Un mundo para dos
y el amor rodeándolo
creciendo como matas
cantando el ruiseñor….

Amanecer de tenue luz
siluetas dibujadas
en un idilio danzando
de caricias emanadas….

dulces canciones
deliciosas aventuras
de un camino infinito
de amores sensitivos…

y solo al atardecer
se da la sabia enseñanza
del porque nacer
y un nuevo revivir….

pasar una vez más
realzando vivencias
perfeccionando carencias
de ese eterno sentir.

YO SOLO SÉ

Que conviertes mi soledad en un edén,
Que cobijas mis ilusiones con palabras,
Que arropas mis anocheceres con dulzuras,
Que iluminas mi vida con deseos.

Que te amo sin tener tu presencia,
Que tu voz es oasis para mis ansias,
Que vestís de colores el porvenir,
Que te espero amor, yo solo sé..........

Norma Agustina
21/08/06

(ayer) + (hoy)=Mañana).

Jorge no pudo evitar una sensación de vacío en su estómago y el aumento de sus palpitaciones al abrir la puerta de empleados del Museo de Historia Natural de Nueva York en Central Park West. Su apariencia no era la acostumbrada. La noche anterior su descanso estuvo interrumpido continuamente y a las 05:00 no pudo continuar en la cama. La posibilidad de perder su empleo, que había costado tanto obtener, no lo dejaron conciliar el sueño. Su aspecto era deplorable, con profundas ojeras y sus ropas como si hubiera dormido con ellas. Mostró su identificación al guarda en el pequeño mostrador a unos pocos metros de la entrada, aunque no era necesario, después de 5 años en la Institución, pocos eran lo que no lo reconocerían. -"Buenos días Jorge"- dijo el guarda mirando el reloj en la pared.-"Llegas muy temprano hoy, estoy seguro que aún no te has desayunado" y observando su aspecto le dijo.-"¿ un café?"- que le sirvió sin esperar la respuesta. Jorge le agradeció con una sonrisa y dándole un sorbo, continuó su camino hacia el vestuario. Una vez allí, dejo su saco y colocándose el guardapolvo blanco, se dirigió inmediatamente al cuarto "de descubrimientos", como todos en el Museo lo llamaban y era donde se encontraba la impresionante colección de fósiles pertenecientes a los finales del periodo Terciario. Entre ellos el casi completo esqueleto de un Tiranosaurio Rex. Cerca de éste varios cajones semi abiertos con gran

Cantidad de material, para clasificar lleno de fósiles. Otros Sauros de menor tamaño, como también un casi completo esqueleto de un Torosauro con sus 7 metros de altura, y varios primitivos mamíferos del periodo mezoico. Se dirigió rápidamente a su escritorio que tenía a su derecha un enorme tablero de dibujo, donde se encontraban unos bosquejos, con unas extrañas criaturas que a pesar de tener una semblanza al Argentinosauro, tenía varias diferencias que lo apartaban del típico Dinosaurio. Había deducido que se encontraban ante una diferente especie a pesar de las aparentes similaridades. Un fósil gigantesco reposaba sobre una mesa inmediata al tablero de dibujo. Una enorme tibia y varias otras piezas fosilizadas. Éstas habían sido las responsables de que Jorge dedujera la total figura del animal, basado en lo que imaginaba que el Sauro sería en su representación final. Lo habían encontrado a varios kilómetros de la zona de Ischigualasto en el Sur Argentino. Conocida Internacionalmente como el lugar más rico en fósiles del mundo. Además era una zona también conocida por la supuesta presencia de OVNIS, y toda clase de extrañas luces. Asumiendo por ello que seres extraterrestres la habían visitado y continuaban haciéndolo junto con otros similares mitos. Todo ello descartado como el producto de hiperactiva imaginación y supersticiones de los nativos en esas latitudes. El erudito argentino, Fabio Serpa hace unos años realizó una convención allí sobre el tema.

Su interpretación de los fósiles, había causado el desacuerdo con el profesor Maurice Pierce, subdirector de la Institución, que estaba en total desacuerdo con la interpretación dada por Jorge de la general apariencia del Sauro. La discusión había sido tan violenta que Jorge instintivamente sabía que estaba contemplando a sus últimos días en el Museo. Sus pensamientos, se interrumpieron con una llamada telefónica.-"Jorge".-

La voz del guarda dijo.-"un par de señores están aquí para verte."-"¿A mí?- Pregunto.- "A esta hora de la mañana".-Pensando-"¿quién puede saber que estoy aquí?".- "Ya voy para allá".-Contestó. Dejó su guardapolvo en la silla de su escritorio y al pasar por el vestuario recogió su saco y rápidamente se dirigió a la entrada, donde 2 individuos con aspecto distinguido, lo esperaban, Después de las presentaciones, León Hubbard y William Wise sacaron de un pequeño portafolios una serie de fotografías, que Jorge observó con gran asombro.-"¿Este es el animal que yo dibuje, cómo es posible que ustedes tengan estas ilustraciones tan perfectas"? –William Wise, dijo con una amplia sonrisa, observando el asombro en la cara de Jorge.-"Si usted examina cuidadosamente estas fotografías verá que no son de ilustraciones, sino realmente una fotografía."-

-"¡Eso es imposible!- Contestó, mirando la fotografía y sucesivamente a los dos hombres con extrema curiosidad.- "Lo que veo aquí es la representación de un Dinosaurio devorando enormes helechos y palmas y pequeños carnívoros tratando de atacarlos.-"¿Cómo puede ser posible?

-"¿Tiene usted un poco de tiempo, le prometo que antes de las 09:00 horas lo traeremos nuevamente aquí?"- Jorge permaneció sin decir nada, mirando las fotografías. Los dos hombres aprovechando el momento, lo tomaron cada uno de un brazo y lo llevaron hasta la salida donde esperaba una limosina, a la que lo introdujeron, y una vez que cerró las puertas, el chofer tomó por Central Park. En pocos minutos, el automóvil entró en una elegante residencia, esperó unos segundos para que se abrieran las puertas y siguió hacia el garaje.

Jorge aun se encontraba mirando las fotos tratando de comprender cómo esas fotos se habían tomado. Nuevamente quiso que le aclararan el procedimiento, pero uno de los hombres que parecía ser el principal le dijo.-"Las explicaciones vendrán después. Debemos usar el desplazamiento temporal para enviarlo al lugar en el que se tomaron esas fotos. Es muy importante que usted, realice este viaje, ahora mismo, ¿Quiere usted hacerlo? ¡Ya!

-"Lógicamente que quiero,.....pero...... ¿cuáles son las condiciones? ¿Qué pasará con mi posición?".-"No se preocupe no habrá ningún problema. Por favor, acompáñenos."-, Aunque eso sólo era una metáfora ya que prácticamente los dos hombres lo llevaron casi en el aire y lo sentaron en una silla en un pequeño receptáculo que tenía unas cámaras digitales, lápices y todos los artículos necesarios para dibujar. Inmediatamente cerraron la puerta, y cuando comenzó a darse cuenta de lo que pasaba dijo.- HEEEEEYYYY!abran esta puerta!".- Gritó, pero pronto al no recibir respuesta a sus golpes y encontrándose un tanto mareado se sentó y en unos segundos quedó totalmente dormido.

Jorge abrió los ojos e inmediatamente pensó en lo extraño del sueño que había tenido. Sus músculos estaban adoloridos por la incómoda posición en que había pasado las últimas horas. Lentamente comprendió que no había sido un sueño e intentó abrir la puerta, que esta vez se abrió con una suave presión de su mano. Un profundo olor a humedad y la oscuridad del ambiente lo sorprendió, al salir del cubículo, y acostumbrado a la claridad del lugar donde se encontraba, tuvo que permanecer por unos momentos para habituar sus ojos, a la semi claridad de lo que era sin lugar a dudas una cueva, en la que entraba cierta luminosidad por una pequeña entrada a unos metros de donde se encontraba.

Una extraña combinación de sonidos y gruñidos se escuchaban desde el exterior, rápidamente llegó a la entrada y un extraordinario espectáculo se desarrolló frente a él.

Una enorme profusión de gigantescos árboles mas de 40 metros de altura en una profusa selva semi tropical, se extendía por toda la distancia que sus ojos eran capaces de ver. Conjuntamente con los árboles y toda la profusión de extrañas plantas y el resto de la vegetación, enormes animales copulaban el bosque. Unos que inmediatamente reconoció como megalosauros, iguanodonte y más allá el inconfundible cuello de un T-Rex

Comenzó a reírse sin poder cesar, nunca había tenido un sueño tan real, pensó que pronto se despertaría y todo volvería a la normalidad. Pero mientras tanto, ¿Por qué no disfrutar de este magnifico sueño? Nunca tendría mejor oportunidad. Dio vuelta y se dirigió al cubículo. Sacó una de las cámaras digitales, uno de los cuadernos de dibujo y unos lápices, un pequeño caballete desmontable y se sentó en la entrada de la cueva a disfrutar el insólito espectáculo, tomando todas las fotografías posibles y haciendo bosquejos de los gigantescos animales que se movían por el entorno.

Diariamente unas bandejas plásticas con suficiente alimento para el día y agua aparecían en el cubículo. No sabía ni sabría nunca cuánto tiempo había pasado desde el día que por primera vez puso el pie en la cueva, lo suficientemente espaciosa para que un hombre solo pudiera desenvolverse en ella pero no tan grande que alguno de los gigantes animales de la selva, pudiera representar un gran peligro. Pero por un gran periodo de tiempo, siguió los animales, estudió sus hábitos y costumbres, encontró que el Sauro similar al Argentinosauro poseía como los elefantes una particular costumbre de ir a morir a un lugar especial donde todos los de su especie lo hacían. Así mismo otros animales de carroña usaban el lugar para buscar el alimento para ellos y sus crías, dejando sus huesos pelados, en ese "Cementerio" allí pudo estudiar los huesos expuestos y registrar en sus estudios del museo estaban muy cerca de la realidad. Con el compás que encontró en el cubículo pudo determinar exactamente las coordenadas del lugar en que se encontraba.

Finalmente un día al despertar vio aparecer en la puerta, ahí esperándolo con una gran sonrisa se encontraban los señores Hubbard y Wise.- Penetraron en el cubículo, sin contestar ninguna de las preguntas ni ofrecerle ninguna explicación. A todas sus preguntas le indicaron que más tarde le darían las explicaciones necesarias. Cuando se abrió la puerta en pocos minutos, se encontraban en la residencia de donde habían salido. Inmediatamente lo condujeron al mismo automóvil y en unos minutos llegaron a la entrada del museo, su mente estaba pensando qué decir por todo el tiempo perdido, pero al llegar con los dos hombres, éstos le ayudaron con sus varias carpetas de dibujos. El guarda lo miró y le dijo-"Bueno Jorge no te tomó mucho tiempo"- como si no hubiera tardado más de unos minutos. Jorge permaneció estático y al darse vuelta para preguntar a los hombres, ya no estaban allí, pero sí estaba la enorme cantidad de carpetas que llevó rápidamente a su escritorio y comenzó a desplegar, los mismos trabajos que en normales circunstancias le llevarían un año.

Hubbar y Wise, se miraron en el automóvil. Hubbar dijo.--"crees que habrá algún problema"- "No"- Contestó Wise.- "Una vez que Miss July Sommer pueda ver los dibujos y los conocimientos de Jorge, no habrá más problemas para que su fundación financie una expedición donde encontrará todos los especímenes que desee y Jorge tendrá asegurada la posición de Presidente del Museo. Julia y él contraerán matrimonio y su hijo será el próximo presidente de Estados Unidos.

Con ello la línea del tiempo está restaurada" dijo Hubbar haciendo una breve pausa y continuó.- "¿Cuál será nuestra próxima misión?

INSECTOS EN LA PIEL

CAPÍTULO PRIMERO

-"Lo que debemos hacer es hacer desaparecer a cada uno de ellos"- Dijo el Rojo- "Los he tenido en el pasado y pude sacármelos de encima, pero no sin antes causar considerable daño a mi exterior." – Continuo con un tono de ira.- "La verdad es que no deberíamos permitir su existencia, debemos destruirlos a todos!"

-"Yo los tuve por un tiempo"- Dijo el Cuarto- "Al principio no teníamos ningún problema, e hice lo posible para que se sintieran cómodos, los trataba como mascotas, pero inmediatamente comenzaron a pincharme con toda clase de instrumentos, y como el Rojo, tuve que limpiarlos de mi piel. Me forzaron a eliminarlos."

-"Bueno"- Dijo el pequeño Plateado que siempre estaba alrededor del Tercero- Son pequeños e industriosos, pero debo admitir yo no quisiera tenerlos sobre mi. Además siempre terminan peleándose entre ellos, y causan injurias a nuestra piel.

-"La verdad es que estoy de acuerdo con ustedes".- Dijo el Cuarto – Son muy interesantes el observarlos como construyen pequeñas cosas. El problema es que nunca saben como detenerse y continúan usando todas las materias primas sin ninguna consideración. En un corto período destruyen todo lo que encuentran sin preocuparse de las consecuencias."-

-"SI!… Tenemos que terminar con ellos."- Dijo el Grande con el brillante cinturón alrededor.-"Te envenenan, y penetran tu interior extrayendo todos tus jugos vitales…Yo les he estado diciendo por un largo período de tiempo. Tenemos que exterminarlos a todos. Si los dejamos, todos terminaremos en llamas como Febo en el centro.

-El comentario causó una gran carcajada a los miembros del Consejo.-

-"No lo dije como broma."- Continuó.- "Mira Tercero, es de tu piel que estamos hablando, no puedo obligarte a que te protejas a ti mismo, pero en el momento que estos insectos comienzan a volar y saltar hacia nosotros como siempre lo han hecho, yo me veré forzado a protegerme."-

-Un murmullo de aprobación surgió de todos los participantes-

-"Debemos someterlo a votación."- Alguien dijo.- -"SI!…A votar dijeron todos."-Con gran entusiasmo.-

-Todos emitieron su voto en cuestión de segundos, no era un proceso lento ya que estaban usando para hacerlo la instantánea la subliminal comunicación del Hiperespacio comúnmente empleada por los cuerpos planetarios.-

-El voto fue instantáneo y casi unánime, con una abstención, EL TERCER PLANETA.-

-Febo se dirigió a el consolándolo.-"Yo te comprendo"- Dijo Lanzando una llamarada solar al vacio del espacio- "Por una extraña razón te sientes con un espíritu maternal para con ellos"

"Son tan…tan…pequeños."- Dijo el tercer Planeta y prosiguió-"Me llaman Madre Tierra".-

-"Lo se."-Contesto Febo.- "Pero los otros Planetas tienen derecho también, los pequeños insectos están volando por todo nuestro espacio. Mira a tus hermanos Planetas, todos tienen cicatrices producidas por ellos en una u otra ocasión.

Siempre están creando armas para "protegerse" y con ellas en el proceso destruyen todo y a todos. Recuerdas el último accidente, cuando no prestamos atención y nuestro bello hermano Apolo, es hoy el CINTURON DE ASTEROIDES.

-Febo pausó por un momento y continuó. "Te diré lo que haremos, tal como la otra vez, te enfriaremos por un par de millones de años y luego comenzaras otra vez con un par de Dinosaurios!...OKEY?

FIN...?

NOTA: Toda similaridad con la raza humana es pura coincidencia